AF273609

Impressum
Verlag: BABADADA GmbH, Nedderfeld 112 , 22529 Hamburg
Geschäftsführer / Verlagsleitung: Harald Hof
Druck: Books on Demand GmbH, In de Tarpen 42, 22848 Norderstedt

Imprint
Publisher: BABADADA GmbH, Nedderfeld 112 , 22529 Hamburg, Germany
Managing Director / Publishing direction: Harald Hof
Print: Books on Demand GmbH, In de Tarpen 42, 22848 Norderstedt

salón de clases
教室

dividir
除

186/2

pizarrón
黑板

patio
校園

maestro
老師

pap
紙

escribir
書寫

bolígrafo
筆

escritorio
辦公桌

regla
直尺

libro
書

alumno
學生

mochila

書包

caja de lápices

鉛筆盒

lápiz

鉛筆

sacapuntas

削鉛筆機

goma de borrar

橡皮擦

bloc de dibujo

畫板

dibujo

圖畫

pincel

畫筆

caja de lápices de color

顏料盒

tijeras

剪刀

pegamento

膠水

libro de ejercicios

練習冊

tarea

家庭作業

número

數字

sumar

加

restar

減

multiplicar

乘

calcular

計算

letra

字母

alfabeto

字母表

palabra

字

texto

課文

leer

讀

tiza

粉筆

lección

上課

cuaderno de clase

登記

examen

考試

certificado

證書

uniforme

校服

educación

教育

enciclopedia

百科全書

universidad

大學

microscopio

顯微鏡

mapa

地圖

bote de basura

廢紙簍

hotel
飯店

hostel
青年旅社

casa de cambio
外幣兌換處

maleta
手提箱

carro
汽車

idioma
語言

sí / no
是/否

Órale
好的

hola
您好

traductor
翻譯人員

Gracias
謝謝

¿cuánto cuesta…?

……多少錢？

No entiendo

我不明白

problema

問題

¡Buenas tardes!

晚上好！

¡Buenos días!

早上好！

¡Buenas noches!

晚安！

adiós

再見

dirección

方向

equipaje

行李

bolsa

包

mochila

背包

invitado

客人

recámara

房間

bolsa de dormir

睡袋

tienda de campaña

帳篷

información turística

旅行資訊

playa

海灘

tarjeta de crédito

信用卡

desayuno

早餐

almuerzo

午餐

cena

晚餐

billete

票

ascensor

電梯

sello

郵票

frontera

邊界

aduana

海關

embajada

大使館

visa

簽證

pasaporte

護照

avión
飛機

barco
船

camión de bomberos
消防車

camión
卡車

autobús
公車

lancha a motor
汽艇

bicicleta
腳踏車

carro
汽車

ferry

渡輪

bote

小船

motocicleta

機車

patrulla

警車

coche de carreras

賽車

auto para rentar

租車

renta de autos

拼車

grúa

拖車

camión recolector de basura

垃圾車

motor

馬達

gasolina

汽油

gasolinera

加油站

señal de tráfico

交通標識

tránsito

交通

embotellamiento

交通堵塞

aparcamiento

停車場

estación de tren

火車站

vías

軌道

tren

火車

tranvía

路面電車

vagón

客車廂

helicóptero

直升機

aeropuerto

機場

torre

塔

pasajero

乘客

contenedor

集裝箱

caja de cartón

紙板箱

carretilla

手推車

cesta

籃子

despegar / aterrizar

起飛/降落

ciudad

城市

pueblo

村莊

centro de ciudad

市中心

casa

房子

cine
電影院

anuncio
廣告

farol
路燈

CINEMA

calle
街道

taxi
計程車

dulcería
小吃店

peatón
行人

banqueta
人行道

paso peatonal
斑馬線

bote de basura
垃圾箱

cruce
十字路口

semáforo
紅綠燈

cabaña

小屋

apartamento

公寓

estación de tren

火車站

ayuntamiento

市政廳

museo

博物館

escuela

學校

universidad

大學

banco

銀行

hospital

醫院

hotel

飯店

farmacia

藥房

oficina

辦公室

librería

書店

tienda

商店

florería

花店

supermercado

超市

mercado

市場

grandes tiendas

百貨商店

pescadería

魚店

centro comercial

購物中心

puerto

海港

parque

公園

banco

長凳

puente

橋

escaleras

樓梯

metro

捷運

túnel

隧道

parada de autobús

公車站

bar

酒吧

restaurante

餐館

buzón

郵筒

letrero

路標

parquímetro

停車計時器

zoológico

動物園

alberca

游泳池

mezquita

清真寺

granja

農場

contaminación

污染

cementerio

墓地

iglesia

教堂

área de niños

操場

templo

寺廟

paisaje
地形

hoja
樹葉

señal
指示牌

camino
路

pradera
草地

piedra
石頭

árbol
樹

caminante
徒步旅行者

río
河

pasto
草

flor
花

valle

峽谷

montaña

丘陵

lago

湖

bosque

森林

desierto

沙漠

volcán

火山

castillo

城堡

arco iris

彩虹

champiñón

蘑菇

palmera

棕櫚樹

mosquito

蚊子

mosca

蒼蠅

hormiga

螞蟻

abeja

蜜蜂

araña

蜘蛛

escarabajo

甲蟲

rana

青蛙

ardilla

松鼠

erizo

刺蝟

liebre

野兔

lechuza

貓頭鷹

pájaro

鳥

cisne

天鵝

jabalí

野豬

ciervo

鹿

alce

麋鹿

embalse

水壩

turbina eólica

風力發電機

pansolar

太陽能電池板

clima

氣候

camarero
服務生

menú
菜譜

silla
椅子

sopa
湯

pizza
披薩餅

cubiertos
餐具

mantel
桌布

entrada

前菜

plato fuerte

主菜

postre

甜點

bebidas

飲料

comida

食物

botella

瓶子

comida rápida

速食

comida de calle

街邊小吃

tetera

茶壺

azucarera

糖盒

porción

一份飯菜

cafetera espresso

義式咖啡機

periquera

高腳椅

cuenta

帳單

charola

托盤

cuchillo

刀

tenedor

餐叉

cuchara

勺子

cuchara de té

茶匙

servilleta

餐巾

vaso

玻璃杯

plato

碟子

plato hondo

湯盤

plato

碟子

salsa

醬

salero

鹽瓶

molino para pimienta

胡椒研磨罐

vinagre

醋

aceite

食用油

especias

調味料

kétchup

番茄醬

mostaza

芥末

mayonesa

美乃滋

oferta especial
特價

cliente
顧客

productos lácteos
乳製品

fruta
水果

carrito para compras
購物車

carnicería

肉鋪

panadería

麵包店

pesar

稱重

vegetales

蔬菜

carne

肉

alimentos congelados

冷凍食品

carnes frías

冷盤

alimentos enlatados

罐頭食品

detergente en polvo

洗衣粉

dulces

甜食

electrodomésticos

日用品

productos de limpieza

清潔用品

vendedora

銷售員

caja

收銀機

cajero

收銀員

lista de compras

購物清單

horario de atención al público

開放時間

cartera

錢包

tarjeta de crédito

信用卡

bolsa

袋子

bolsa de plástico

塑膠袋

agua

水

jugo

果汁

leche

牛奶

refresco de cola

可樂

vino

紅酒

cerveza

啤酒

alcohol

酒

cacao

可可

té

茶

café

咖啡

espresso

義式濃縮咖啡

cappuccino

卡布奇諾

plátano

香蕉

manzana

蘋果

naranja

柳丁

melón

西瓜

limón

檸檬

zanahoria

胡蘿蔔

ajo

大蒜

bambú

竹子

cebolla

洋蔥

champiñón

蘑菇

nueces

堅果

fideos

麵條

espaguetis

義大利麵

arroz

米飯

ensalada

沙拉

patatas fritas

薯條

patatas fritas

炸馬鈴薯

pizza

披薩餅

hamburguesa

漢堡

emparedado

三明治

filete

炸豬排

jamón

火腿

salami

義大利臘腸

salchicha

香腸

pollo

雞肉

asado

烤肉

pescado

魚

copos de avena

燕麥片

muesli

木斯里

copos de maíz

玉米片

harina

麵粉

cuernito

牛角麵包

bolillo

麵包捲

pan

麵包

tostada

吐司

galletas

餅乾

mantequilla

奶油

cuajada

凝乳

pastel

蛋糕

huevo

蛋

huevo frito

煎蛋

queso

起司

helado

冰淇淋

azúcar

糖

miel

蜂蜜

mermelada

果醬

crema de chocolate

巧克力醬

curry

咖哩

granja
農舍

una paca de paja
稻草捆

granero
糧倉

campo
田野

caballo
馬

remolque
拖車

potro
馬駒

tractor
拖拉機

burro
驢

oveja
羊

cordero
羔羊

cabra

山羊

vaca

奶牛

ternero

小牛

cerdo

豬

lechón

小豬

toro

公牛

ganso

鵝

pato

鴨

pollo

小雞

gallina

母雞

gallo

公雞

rata

鼠

gato

貓

ratón

老鼠

buey

牛

perro

狗

casa dperro

狗屋

manguera

花園澆水軟管

regadera

澆水壺

guadaña

長柄大鐮刀

arado

犁

hoz

鐮刀

azadón

鋤頭

horquilla

長柄草耙

hacha

斧頭

carretilla

獨輪手推車

bebedero

飼料槽

bote de leche

牛奶罐

saco

麻布袋

valla

柵欄

establo

馬廄

invernadero

溫室

suelo

土壤

semilla

種子

fertilizador

肥料

cosechadora

聯合收割機

cosechar

收割

cosecha

收割

camote

地瓜

trigo

小麥

soja

大豆

patata

土豆

maíz

玉米

semilde colza

油菜籽

árbol frutal

果樹

mandioca

樹薯

cereales

穀物

chimenea
煙囪

tejado
屋頂

canalón
落水管

ventana
窗戶

garaje
車庫

timbre
門鈴

puerta
門

bote de basura
垃圾桶

buzón
信箱

jardín
花園

estancia

客廳

baño

浴室

cocina

廚房

recámara

臥室

recámara de los niños

兒童房

comedor

餐廳

suelo

地板

pared

牆壁

techo

天花板

sótano

地窖

sauna

三溫暖

balcón

陽臺

terraza

露臺

alberca

游泳池

cortacésped

割草機

sábana

被單

colcha

床罩

cama

床

escoba

掃帚

balde

水桶

interruptor

開關

pappara empapelar
壁紙

imagen
相片

lámpara
檯燈

estante
擱架

alacena
櫥櫃

chimenea
壁爐

televisión
電視

flor
花

cojín
墊子

sofá
沙發

florero
花瓶

control remoto
遙控器

alfombra

地毯

cortina

窗簾

mesa

餐桌

silla

椅子

mecedora

搖椅

sillón

扶手椅

libro
書

frazada
毯子

decoración
裝飾品

leña
木柴

película
電影

equipo de música
高傳真音響

llave
鑰匙

periódico
報紙

pintura
油畫

póster
海報

radio
收音機

cuaderno
筆記本

aspiradora
吸塵器

cactus
仙人掌

vela
蠟燭

refrigerador
▶ 冰箱

microondas
微波爐

báscude cocina
▶ 廚房秤

detergente
洗潔精

tostadora
烤麵包機

congelador
冰櫃

horno
▶ 烤箱

bote de basura
垃圾桶

lavavajillas
洗碗機

opresión
....
炊具

olla
....
鍋

olde hierro fundido
....
鑄鐵鍋

wok
....
炒鍋

sartén
....
平底鍋

hervidor
....
水壺

vaporera

蒸鍋

charode horno

烤盤

loza

陶瓷鍋

taza

馬克杯

bol

碗

palillos

筷子

cucharón

長柄勺

espátula

鏟子

batidora

攪拌器

colador

濾網

colador

篩子

rallador

磨碎機

mortero

研缽

barbacoa

燒烤

fogata

明火

tabpara picar

菜板

rodillo para amasar

擀麵杖

sacacorchos

開瓶器

lata

罐子

abrelatas

開罐器

guante de cocina

隔熱手套

fregadero

水槽

cepillo

刷子

esponja

海綿

batidora

攪拌機

congelador

冷藏箱

biberón

奶瓶

llave

水龍頭

calefacción
供暖裝置

ducha
淋浴

toalla
毛巾

cortina de ducha
浴簾

baño de espuma
泡沫浴

tina
浴缸

vaso
玻璃杯

lavadora
洗衣機

llave
水龍頭

baldosas
瓷磚

bacinica
便壺

fregadero
水槽

inodoro
廁所

letrina
蹲便器

bidé
坐浴器

mingitorio
小便斗

paphigiénico
廁紙

cepillo para baño
馬桶刷

cepillo de dientes

牙刷

pasta dental

牙膏

hilo dental

牙線

lavar

洗

ducha de mano

手持式蓮蓬頭

ducha vaginal

沖洗器

fregadero

洗臉盆

cepillo de espalda

洗背刷

jabón

肥皂

gde ducha

沐浴露

champú

洗髮乳

toallita

法蘭絨

drenaje

排水

crema

乳霜

desodorante

除臭劑

espejo

鏡子

espejo de tocador

手鏡

máquina para afeitar

刮鬚刀

espuma de afeitar

刮鬚泡沫

loción para después de afeitar

鬚後水

peine

梳子

cepillo

刷子

secadora

吹風機

laca

噴髮定型劑

maquillaje

化妝品

lápiz labial

唇膏

esmalte para uñas

指甲油

algodón

化妝棉

tijeras para uñas

指甲剪

perfume

香水

estuche para cosméticos

洗漱包

taburete

凳子

báscula

計重秤

bata

浴袍

guantes de goma

橡膠手套

tampón

衛生棉條

toalsanitaria

衛生棉

baño móvil

化學廁所

despertador
鬧鐘

peluche
毛絨玩具

carro de juguete
玩具車

sonaja
撥浪鼓

casa de muñecas
玩具屋

regalo
禮物

globo

氣球

cama

床

carriola

嬰兒車

cartas

撲克牌

rompecabezas

拼圖

cómic

漫畫

piezas de lego

樂高積木

bloques para jugar

積木玩具

figura de acción

公仔

mameluco

嬰兒服

frisbee

飛盤

móvil para bebés

床鈴玩具

juego de mesa

棋盤遊戲

dados

骰子

tren eléctrico

火車模型

maniquí

安撫奶嘴

fiesta

派對

álbum de fotos

繪本

balón

球

muñeca

洋娃娃

jugar

玩

arenero

沙坑

columpio

鞦韆

juguetes

玩具

consode videojuegos

電玩遊戲

triciclo

三輪車

oso de peluche

泰迪熊

clóset

衣櫃

ropa

衣服

calcetines

襪子

pantimedias

長襪

mallas

緊身褲

bufanda
圍巾

paraguas
雨傘

playera
T恤

cinto
皮帶

botas
靴子

chanclas
拖鞋

tenis
運動鞋

sandalias
涼鞋

zapatos
鞋

botas de goma
雨靴

ropa interior
內褲

brasier
胸罩

chaleco
背心

ropa - 衣服

body

身體

pantalones

褲子

pantalones de mezclilla

牛仔褲

falda

短裙

blusa

女式襯衫

camisa

襯衫

suéter

套頭衫

sudadera

連帽上衣

saco sport

西裝夾克

chamarra

夾克

abrigo

外套

impermeable

雨衣

traje

套裝

vestido

連衣裙

vestido de novia

婚紗

traje

西裝

camisón

睡袍

pijama

睡衣

sari

莎麗

pañuelo para cabeza

頭巾

turbante

包頭巾

burka

波卡

caftán

卡夫坦

abaya

(阿拉伯式)長袍

traje de baño

泳衣

short de baño

男式泳褲

shorts

短褲

pants

運動服

delantal

圍裙

guantes

手套

ropa - 衣服

botón

鈕扣

gafas

眼鏡

brazalete

手鏈

collar

項鍊

anillo

戒指

arete

耳環

gorra

便帽

gancho

衣架

sombrero

帽子

corbata

領帶

cierre

拉鍊

casco

安全帽

tirantes

背帶

uniforme

校服

uniforme

制服

babero

圍兜

maniquí

安撫奶嘴

pañal

尿布

servidor
伺服器

archivo
檔案櫃

impresora
印表機

monitor
螢幕

pap
紙

escritorio
辦公桌

mouse
滑鼠

carpeta
資料夾

teclado
鍵盤

bote de basura
廢紙簍

silla
椅子

computadora
電腦

taza de café

咖啡杯

calculadora

計算機

internet

網際網路

notebook

筆記型電腦

carta

信件

mensaje

簡訊

móvil

行動電話

red

網路

fotocopiadora

影印機

software

軟體

teléfono

電話

tomacorriente

插座

fax

傳真機

formulario

表格

documento

檔案

comprar

買

pagar

付錢

hacer negocios

交易

dinero

現金

dólar

美元

euro

歐元

yen

日元

rublo

盧布

franco suizo

瑞士法郎

yuan

人民幣

rupia

盧比

cajero automático

提款處

casa de cambio

外幣兌換處

oro

金

plata

銀

petróleo

石油

energía

能源

precio

價格

contrato

合約

impuesto

稅金

acción

股票

trabajar

工作

empleado

職員

empleador

老闆

fábrica

工廠

tienda

商店

policía
警官

bombero
消防員

cocinero
廚師

médico
醫師

piloto
飛行員

jardinero

園丁

carpintero

木匠

costurera

裁縫

juez

法官

farmacéutico

化學家

actor

演員

conductor de autobús

公車司機

taxista

計程車司機

pescador

漁夫

señora de limpieza

清洗女工

instalador de techos

屋頂工

camarero

服務生

cazador

獵人

pintor

畫家

panadero

麵包師

electricista

電工

obrero

建築工人

ingeniero

工程師

carnicero

屠夫

plomero

水管工

cartero

郵差

soldado

士兵

arquitecto

建築師

cajero

收銀員

florista

花農

peluquero

理髮師

cobrador

售票員

mecánico

機械技師

capitán

船長

dentista

牙醫

científico

科學家

rabino

拉比

imán

伊瑪目

monje

和尚

sacerdote

牧師

martillo
鐵錘

pinza
鉗子

desarmador
螺絲起子

llave
扳手

linterna
手電筒

excavadora

挖掘機

caja de herramientas

工具箱

escalera de mano

梯子

sierra

鋸子

clavos

釘子

taladro

鑽機

reparar

修

pala

鏟子

¡Maldición!

糟糕！

recogedor

畚箕

bote de pintura

油漆桶

tornillos

螺絲

instrumentos musicales

樂器

altavoz
揚聲器

batería
打擊樂器

contrabajo
低音提琴

trompeta
小號

guitarra
吉他

piano

鋼琴

violín

小提琴

bajo

貝斯

timbales

定音鼓

tambor

鼓

teclado

電子琴

saxofón

薩克斯風

flauta

長笛

micrófono

麥克風

entrada
入口

tigre
老虎

jaula
籠子

cebra
斑馬

alimento para animales
動物飼料

oso panda
熊貓

animales

動物

elefante

大象

canguro

袋鼠

rinoceronte

犀牛

gorila

大猩猩

oso

熊

camello

駱駝

avestruz

鴕鳥

león

獅子

mono

猴子

flamenco

紅鶴

loro

鸚鵡

oso polar

北極熊

pingüino

企鵝

tiburón

鯊魚

pavo real

孔雀

serpiente

蛇

cocodrilo

鱷魚

guardián de zoológico

動物園管理員

foca

海豹

jaguar

美洲豹

poni

矮種馬

leopardo

豹

hipopótamo

河馬

jirafa

長頸鹿

águila

老鷹

jabalí

野豬

pescado

魚

tortuga

龜

morsa

海象

zorro

狐狸

gacela

羚羊

fútbol americano
橄欖球

ciclismo
騎腳踏車

tenis
網球

baloncesto
籃球

natación
游泳

boxeo
拳擊

hockey sobre hielo
冰球

fútbol

美式足球

bádminton

羽毛球

atletismo

田徑

handball

手球

esquí

滑雪

polo

馬球

saltar
跳

reír
笑

abrazar
擁抱

caminar
走路

cantar
唱

soñar
做夢

rezar
祈禱

besar
親吻

escribir

書寫

dibujar

畫

mostrar

展示

empujar

推

dar

給

tomar

拿

tener

有

hacer

做

ser

當

estar parado

站

correr

跑

jalar

拉

arrojar

丟

caer

摔倒

estar acostado

躺

esperar

等待

llevar

攜帶

estar sentado

坐

vestirse

穿衣

dormir

睡覺

despertar

醒來

mirar

看

llorar

哭

acariciar

擊

peinar

梳頭

hablar

交談

entender

明白

preguntar

問

escuchar

聽

beber

喝

comer

吃

ordenar

清理

amar

愛

cocinar

做飯

conducir

開車

volar

飛

navegar

航行

calcular

計算

leer

讀

aprender

學習

trabajar

工作

casarse

結婚

coser

縫

cepillarse los dientes

刷牙

matar

殺

fumar

抽菸

enviar

寄

abuela
祖母

abuelo
祖父

padre
父親

madre
母親

bebé
嬰兒

hija
女兒

hijo
兒子

invitado

客人

tía

阿姨

tío

叔叔

hermano

兄弟

hermana

姐妹

frente
前額 ▶

ojo
眼睛 ▶

hombro
肩膀 ▶

dedo
手指 ▶

◀ cara
臉

barbilla
下巴 ◀

mano
◀ 手

pierna
腿

pecho
乳房 ▶

◀ brazo
手臂

bebé

嬰兒

hombre

男人

mujer

女人

niña

女孩

niño

男孩

cabeza

頭

espalda

背部

barriga

肚子

ombligo

肚臍

dedo dpie

腳趾

talón

腳後跟

hueso

骨頭

cadera

臀部

rodilla

膝蓋

codo

手肘

nariz

鼻子

pompis

屁股

piel

皮膚

mejilla

臉頰

oído

耳朵

labio

嘴唇

boca

嘴

diente

牙齒

lengua

舌頭

cerebro

腦

corazón

心臟

músculo

肌肉

pulmón

肺

hígado

肝臟

estómago

胃

riñones

腎臟

sexo

性交

condón

保險套

óvulo

卵子

semen

精子

embarazo

懷孕

menstruación

月事

vagina

陰道

pene

陰莖

ceja

眉毛

cabello

頭髮

cuello

脖子

hospital
醫院

ambulancia
急救車

silde ruedas
輪椅

fractura
骨折

médico

醫師

sade emergencias

急診室

enfermera

護理師

emergencia

緊急情形

inconsciente

昏迷

dolor

痛

lesión

受傷

hemorragia

出血

infarto

心臟病發作

ccidente cerebrovascular

中風

alergia

過敏

tos

咳嗽

fiebre

發燒

gripa

流感

diarrea

腹瀉

dolor de cabeza

頭痛

cáncer

癌症

diabetes

糖尿病

cirujano

外科醫師

bisturí

手術刀

operación

手術

TC

電腦斷層掃描

rayos x

X光

ultrasonido

超音波

mascarilla

口罩

enfermedad

疾病

sade espera

候診室

muleta

拐杖

vendita

石膏

vendaje

繃帶

inyección

注射

estetoscopio

聽診器

camilla

擔架

termómetro

體溫計

nacimiento

出生

sobrepeso

超重

audífono

助聽器

desinfectante

消毒液

infección

感染

virus

病毒

VIH / SIDA

愛滋病

medicina

藥物

vacunación

接種疫苗

tabletas

藥片

pastilanticonceptiva

藥丸

llamada de emergencia

急救電話

medidor de presión

血壓計

enfermo / sano

生病/健康

¡Socorro!

救命！

alarma

警報

agresión

突擊

ataque

攻擊

peligro

危險

salida de emergencia

緊急出口

¡Fuego!

失火了！

extintor de incendios

滅火器

accidente

意外

botiquín de primeros
auxilios

急救箱

SOS

呼救訊號

policía

員警

Europa

歐洲

Norteamérica

北美洲

Sudamérica

南美洲

África

非洲

Asia

亞洲

Australia

澳洲

Atlántico

大西洋

Pacífico

太平洋

Océano Índico

印度洋

Océano Antártico

南冰洋

Océano Ártico

北冰洋

polo norte

北極

polo sur

南極

Antártida

南極洲

tierra

地球

tierra

陸地

mar

海

isla

島

nación

國家

estado

州

esfera

錶盤

manecilde las horas

時針

minutero

分針

segundero

秒針

¿Qué hora es?

現在幾點？

día

天

hora

時間

ahora

現在

reloj digital

電子錶

minuto

分

hora

時

semana
週

lunes
週一

MO

miércoles
週三

W
週三

viernes
週五

TU

TH

FR

sábado
週六

SA

martes
週二

jueves
週四

SO

domingo
週日

ayer

昨天

hoy

今天

mañana

明天

mañana

早晨

mediodía

中午

tarde

晚上

días laborables

工作日

MO	TU	WE	TH	FR	SA	SU
1	2	3	4	5	6	7
8	9	10	11	12	13	14
15	16	17	18	19	20	21
22	23	24	25	26	27	28
29	30	31	1	2	3	4

fin de semana

週末

MO	TU	WE	TH	FR	SA	SU
1	2	3	4	5	6	7
8	9	10	11	12	13	14
15	16	17	18	19	20	21
22	23	24	25	26	27	28
29	30	31	1	2	3	4

lluvia
雨

arco iris
彩虹

nieve
雪

viento
風

primavera
春

otoño
秋

verano
夏

invierno
冬

pronóstico dtiempo

天氣預告

termómetro

溫度計

sol

陽光

nube

雲

niebla

霧

humedad

潮濕

rayo

閃電

trueno

打雷

tormenta

風暴

granizo

冰雹

monzón

季風

inundación

洪水

hielo

冰

enero

一月

febrero

二月

marzo

三月

abril

四月

mayo

五月

junio

六月

julio

七月

agosto

八月

septiembre

九月

octubre

十月

noviembre

十一月

diciembre

十二月

formas
形狀

círculo

圓形

cuadrado

正方形

rectángulo

長方形

triángulo

三角形

esfera

球體

cubo

立方體

blanco

白

amarillo

黃

naranja

橙

rosa

粉

rojo

紅

morado

紫

azul

藍

verde

綠

marrón

棕

gris

灰

negro

黑

mucho / poco

很多/少許

enojado / tranquilo

生氣/平靜

bonito / feo

美/醜

principio / fin

首/尾

grande / pequeño

大/小

claro / oscuro

明/暗

hermano / hermana

兄弟/姐妹

limpio / sucio

乾淨/骯髒

completo / incompleto

完整/缺失

día / noche

白天/晚上

muerto / vivo

死/生

ancho / angosto

寬/窄

comestible / no comestible

可食用/非食用

malo / amable

邪惡/善良

entusiasmado / aburrido

興奮/無聊

gordo / delgado

胖/瘦

primero / último

第一/最後

amigo / enemigo

朋友/敵人

lleno / vacío

滿/空

duro / blando

硬/軟

pesado / ligero

重/輕

hambre / sed

餓/渴

enfermo / sano

生病/健康

ilegal / legal

非法/合法

inteligente / tonto

聰明/愚笨

izquierda / derecha

左/右

cerca / lejos

近/遠

nuevo / usado

新/舊

nada / algo

沒有/有些

viejo / joven

老/幼

encendido / apagado

開/關

abierto / cerrado

打開/闔上

silencioso / ruidoso

安靜/吵鬧

rico / pobre

富/窮

correcto / incorrecto

對/錯

áspero / suave

粗糙/光滑

triste / contento

傷心/高興

corto / largo

短/長

lento / rápido

慢/快

húmedo / seco

濕/乾

caliente / frío

溫暖/涼爽

guerra / paz

戰爭/和平

0

cero

零

1

uno

一

2

dos

二

3

tres

三

4

cuatro

四

5

cinco

五

6

seis

六

7

siete

七

8

ocho

八

9

nueve

九

10

diez

十

11

once

十一

12

doce

十二

13

trece

十三

14

catorce

十四

15

quince

十五

16

dieciséis

十六

17

diecisiete

十七

18

dieciocho

十八

19

diecinueve

十九

20

veinte

二十

100

cien

百

1.000

mil

千

1.000.000

millón

百萬

inglés

英語

inglés americano

美式英語

chino mandarín

普通話

hindi

印地語

español

西班牙語

francés

法語

árabe

阿拉伯語

ruso

俄語

portugués

葡萄牙語

bengalí

孟加拉語

alemán

德語

japonés

日語

yo

我

tú

你

él / ella

他/她/它

nosotros

我們

vosotros

你們

ellos

他們

¿quién?

誰？

¿qué?

什麼？

¿cómo?

如何？

¿dónde?

何處？

¿cuándo?

何時？

nombre

名字

detrás
....
後面

en
....
裡面

delante de
....
前面

por encima de
....
上方

sobre
....
上面

debajo de
....
下麵

junto a
....
旁邊

entre
....
中間

lugar
....
地點